Construyendo el carácter

Tener empatía

por Penelope S. Nelson

Bullfrog en español

Ideas para padres y maestros

Bullfrog Books permite a los niños practicar la lectura de texto informativos desde el nivel principiante. Las repeticiones, palabras conocidas y descripciones en las imágenes ayudan a los lectores principiantes.

Antes de leer

- Hablen acerca de las fotografías. ¿Qué representan para ellos?
- Consulten juntos el glosario de fotografías. Lean las palabras y hablen de ellas.

Durante la lectura

- Hojeen el libro y observen las fotografías. Deje que el niño haga preguntas. Muestre las descripciones en las imágenes.
- Léale el libro al niño o deje que él o ella lo lea independientemente.

Después de leer

- Anime al niño para que piense más. Pregúntele: ¿Sabías lo que era la empatía antes de leer este libro? ¿Cómo muestras empatía?

Bullfrog Books are published by Jump!
5357 Penn Avenue South
Minneapolis, MN 55419
www.jumplibrary.com

Library of Congress Cataloging-in-Publication Data is available at www.loc.gov or upon request from the publisher.

ISBN: 978-1-64527-036-2 (hardcover)
ISBN: 978-1-64527-037-9 (paperback)
ISBN: 978-1-64527-038-6 (ebook)

Editor: Jenna Trnka
Designer: Michelle Sonnek
Translator: Annette Granat

Photo Credits: KK Tan/Shutterstock, cover; MilamPhotos/iStock, 1; all_about_people/Shutterstock, 3; wavebreakmedia/Shutterstock, 4, 6–7, 10–11, 18; Yobro10/iStock, 5, 23bl; Biserka Stojanovic/Shutterstock, 8–9; paulaphoto/Shutterstock, 12; Starik_73/Shutterstock, 13; LightField Studios/Shutterstock, 14–15; fstop123/iStock, 16–17, 23tr; Apollofoto/Shutterstock, 19; Image Source/iStock, 20–21, 23tl; Tungphoto/Shutterstock, 22l; FabrikaSimf/Shutterstock, 22r; KUNG MIN JU/Shutterstock, 23br; Dave Pot/Shutterstock, 24.

Printed in the United States of America at Corporate Graphics in North Mankato, Minnesota.

Tabla de contenido

Entendiendo a los demás

¿Qué es la empatía?

Quiere decir
ser sensible.

¿A qué?

A cómo se sienten
los demás.

Tratamos de
entenderlos.

Roy va a una
nueva escuela.

Se siente solo.

Sam se sienta con él.

¡Qué bonito!

Marcia llora.

Extraña a su mamá.

José abraza a Marcia.

Él a veces también
extraña a su mamá.

Nuestro amigo
se siente enojado.

Pensamos en cuando
nos sentimos enojados.

Es un mal sentimiento.

Entendemos a
nuestro amigo.

El perro de Tania se perdió.

Peter no tiene una mascota.

Pero escucha los sentimientos de Tania.

La ayuda. ¡Lo encuentran!

Karla se cae.

¡Ay!

Ned la ayuda.

Sara y su hermana discuten.

Hablan.

Las dos escuchan.

¿Qué?

Los sentimientos de cada una.

Mía sacó una buena calificación.
Ella está contenta.

¡Tim se alegra por ella!

¿Cómo muestras empatía?

Muchos tipos de sentimientos

Hay muchos tipos de sentimientos. Escribe una lista de todos los sentimientos que tú conoces. ¿Cuáles son algunos sentimientos que has tenido? ¿Qué sentimientos tienen las personas alrededor tuyo? Pregúntales a tus hermanos, amigos o a una persona que cuida a los demás cómo se sienten. Si no lo entiendes, pregúntales por qué se sienten así. ¿Te ayuda entenderlo? ¡Estás mostrando empatía!

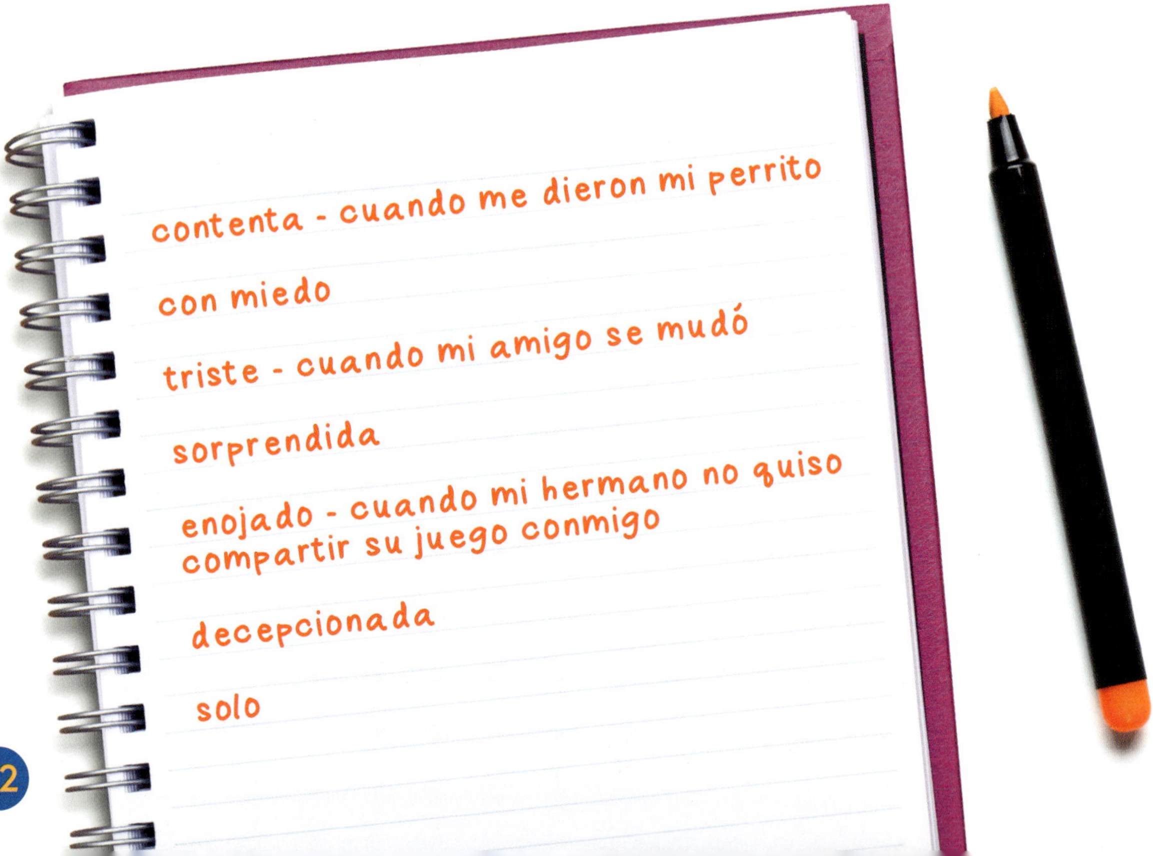

Glosario de las fotografías

empatía
La habilidad de entender, ser sensible y que nos importen los sentimientos de los demás.

entender
Tener simpatía por alguien o captar el significado de cómo se sienten.

sensible
Tener conocimiento de los sentimientos, las actitudes o situaciones de los demás.

solo
Cuando nos hace falta la compañía de otras personas.

Índice

Para aprender más

Aprender más es tan fácil como 1, 2, 3.

1. Visite www.factsurfer.com
2. Escriba "tenerempatía" en la caja de búsqueda.
3. Haga clic en el botón "Surf" para obtener una lista de sitios web.